견고하게 평생 지속해야 할 일

네비게이토 선교회는
국제적이며 복음적인 기독교 기관이다.
예수 그리스도께서는 자기를 따르는 자들에게
"너희는 가서 모든 족속으로 제자를 삼으라"
(마태복음 28:19)는 지상사명을 주셨다.
네비게이토 선교회는 세계 모든 국가에서
예수 그리스도의 일꾼들을 배가시켜
이 지상사명의 성취를 돕는 것을
근본 목표로 하고 있다.

네비게이토 출판사는
네비게이토 선교회의 문서 선교를 담당하고 있다.
본 출판사에서는 그리스도인의 영적 성장을 돕는
서적과 자료들을 출판하여,
그리스도인의 삶의 기초가 견고한
헌신된 제자로 성장하게 하고,
나아가 성숙한 인격과 지도력을 갖춘
일꾼이 되도록 돕고 있다.

저자 : 하 진 승
　　　　한국 네비게이토 선교회 원로 회장

견고하게 평생 지속해야 할 일

하 진 승

TO KNOW CHRIST AND TO MAKE HIM KNOWN

차 례

I. 견고하게 평생 지속해야 할 일 ········· 7

II. 3E

    E1: Evangelizing (전도) ··················· 31

    E2: Establishing (확립) ··················· 37

    E3: Equipping (무장) ····················· 63

견고하게 평생 지속해야 할 일

지금까지 주님께서 부르신 일을 해 오는 동안, 특히 비교적 젊었을 때, 내가 자주 염려하며 신경을 쓰고 있었던 것이 무엇이었을까 생각해 보았습니다. 여러 가지가 있었지만 결국 '만약에 앞으로 언젠가 나 자신에 대해 실망하는 일이 발생하면 어쩌나?' 하는 생각이 드는 것이었습니다. 그런 생각이 드는 이유는 주님의 부르심에 함께하던 형제자매들이 갑자기 확신을 버리고 다른 길로 떠나는 경우들이 일어날 때면 나 자신도 실망과 낙담에 빠져 한동안 힘들어했던 기억이 종종 있었기 때문입니다.

그럴 때마다 언젠가 나에게도 주님의 부르신 일에서 비록 힘든 일들이 발생하더라도 다른 길로 가지 않고 끝까지 확신 가운데 부르심을 따라 전도와 그리스도의 제자 훈련과 일꾼 배가를 위한 사명을 위해 살아가는 일에 포기하지 않도록 자신을 잘 지켜야 되겠다고 다짐하면서 더욱 열심히 나 자신을 위해 기도했었습니다. 그런데 어느덧 노년이 되었습니다. 지금까지 잠시라도 딴 길을 기웃거리거나 따라가지 않고 오직 주님의 부르신 사명과 비전을 따라 확신 가운데 지속적으로 살아가도록 견고하게 나를 붙들어 주시고 인도하여 주신 주님께 감사를 드립니다.

앞으로 더 늙어 혹 90세가 된 후에도, 언제까지 내가 살지는 모르지만, 그보다 더 늙게 되어도, 여전히 선명한 비전과 확신 가운데 그리스도의 지상 사명을 위해 헌신된 주님의 일꾼으로 끝까지 살아가게 되기를 소원하고 다짐하며, 이를 위해 간절히 기도하고 또 기도하고 또 기도하고 있습니다. 로마서 4:19-21에서 아브라함이 100세나 되어 불가능한 몸을 가지고도 믿음이 약해지지 않고 약속을 견고하게 믿는 확신을 가지고 살아감으로 그 약속이 이루어지는 것을 경험했던 것(창세기 18:14, 21:1-2 참조)과 같이, 나도 그렇게 하나님의 부르심에 대한 약속을 믿고 주장하는 삶을 살기를 기도하고 있습니다. 또한 나 자신뿐만 아니라 내가 지금까지 열심히 도와 왔던 형제 자매들도 세월이 지난 후에도 여전히 부르심을 따라 확신 있는 삶을 함께 살아가며 지속적으로 같은 길을 걸어가도록 도와주시기를 기도합니다. 또한 지금까지 그렇게 인도해 주신 우리 주님을 찬양하며 감사하고 있습니다.

노년이 된 후 이런 생애 목표와 관계된 생각에 잠겨 있을 때마다, 주님께서는 아래 말씀들로 큰 격려가 되도록 나를 도와주십니다.

> 하나님이여, 내가 늙어 백수가 될 때에도 나를 버리지 마시며, 내가 주의 힘을 후대에 전하고 주의 능을 장래 모든 사람에게 전하기까지 나를 버리지 마소서. (시편 71:18)

너희가 노년에 이르기까지 내가 그리하겠고 백발이 되기까지 내가 너희를 품을 것이라. 내가 지었은즉 안을 것이요 품을 것이요 구하여 내리라. (이사야 46:4)

그렇습니다! 이제 우리에게 어떤 삶의 문제가 도전해 와도 확실한 해답이 있습니다. 그 해답은 바로 예수 그리스도의 '사랑'과 '약속'에 있습니다. 이것을 믿어야 합니다! 아멘! 예수님께서는 요한복음 15:26-27에서 제자들에게 이렇게 말씀하셨습니다.

내가 아버지께로서 너희에게 보낼 보혜사 곧 아버지께로서 나오시는 진리의 성령이 오실 때에 그가 나를 증거하실 것이요, 너희도 처음부터 나와 함께 있었으므로 (나를) 증거하느니라.

성령님께서 예수님을 잘 알도록 확실하게 증거해 주시기 때문에 성령님의 도움으로 우리도 예수님을 증거하게 됩니다. 또 당시의 제자들이 예수님과 함께 있었기 때문에 예수님을 가장 가까이에서 목도한 사람들로서 분명하게 증거할 수 있었습니다. 이와 같이 우리도 예수님을 영접한 후 예수님과 그 말씀 안에 함께 거하여 왔기 때문에 "너희도 처음부터 나와 함께 있었으므로 (나를) 증거하느니라"라는 말씀을 실천하는 경험을 하게 되는 것입니다.

요한복음 14:16에서 하나님께서는 보혜사 성령님께서 "영원토록 너희와 '함께' 있게" 하시고, 또 이어지는 17절에서는 성령님께서 함께하실 뿐만 아니라 "너희 '속에' 계시겠음이라"라고 하셨습니다.

이렇게 성령님께서는 나와 함께, 내 속에 거하시면서 엄청난 사랑으로 나를 돕고 대언해 주시고 위로해 주시고 변호해 주시는 역할을 하시며 모든 진리 가운데로 '인도'해 주십니다(요한복음 16:13). 그리고 옳고 그름을 분별하게 해 주셔서 잘못된 길로 가지 않도록 도와주십니다(고린도전서 2:12-14).

우리가 받은 사명은 참된 '사랑'이 기초와 동기

가 되어 받은 사명이지만, 그것을 인간의 의지와 힘으로는 지속적으로 끝까지 실천하기가 매우 어려운 것이라 생각됩니다. 그런데 바로 성령님께서는 그것을 가능하게 해 주십니다!

> 오직 성령의 열매는 사랑과 희락과 화평과 오래 참음과 자비와 양선과 충성과 온유와 절제니…. (갈라디아서 5:22-23)

이 말씀에서 사랑 뒤에 언급된 모든 다른 단어들도 대부분 사랑의 의미를 구체적으로 세분화하여 말씀한 것으로 이해됩니다. 결국 성령님의 열매는 '사랑'이라는 말씀입니다.

성령님을 생각하면 제일 먼저 그 '능력'이 떠오르게 되는 사람들이 많겠지만, '사랑'을 먼저 생각해야겠습니다. 성령님께서는 우리로 사랑할 수 있게 해 주십니다. 그 사랑의 힘으로 주님께서 주신 사명을 우리가 넉넉히 감당할 수 있게 해 주시는 것입니다.

로마서 15:30에서도 이렇게 말씀하십니다.

…성령의 사랑으로 말미암아 너희를 권하노니….

이 말씀과 같이 성령님께서는 우리가 사랑으로 무엇을 할 수 있게 해 주십니다. 그러므로 우리가 사랑의 결핍 때문에 갈등이 생길 때는 즉시로 성령님께 도와주시기를 기도해야 합니다. 예수님을 닮은 사랑의 삶을 살게 해 달라고 기도해야 합니다.

예수님께서도 이 세상에 오신 것은 참다운 그리스도인의 삶이 어떤 것인가를 보여 주시고, 또 그러한 사람으로 우리가 새롭게 거듭나고 변화되어 예수님과 같이 '사랑의 삶'을 살아가도록 하기 위한 것입니다. 그것이 곧 참그리스도인의 삶을 사는 것입니다.

창세기 1:26-27에서, 하나님께서 인간을 창조하실 때, "우리의 형상"(우리: 삼위일체의 하나님께서 동시적으로 창조에 함께하심을 의미) 곧 '성삼위의 형상'을 따라 사람을 창조하셨습니다. 여기서 "형상을 따라"의 의미는 어떤 외형이 아니라 인격과 성품이 하나님의 형상을 따라 창조되었다는 것인데, 이러한 하나님의 인격과 성품의 대표적인 것은 곧 '사랑'이라고 생각합니다. 그러므로 우리가 세상에서 이렇게 사랑하며 살 때 그 삶이 곧 창조 때의 하나님의 형상을 닮은 삶이며 진정한 그리스도인의 삶인 것입니다.

마태복음 22:35-36에 보면 한 율법사가 예수님을 시험하여 묻기를, "선생님이여, 율법 중에 어느 계명이 크니이까?"라고 말했습니다. 많은 사람들은 아마도 첫 계명은 하나님께 드리는 제물과 희생에 관한 것으로 생각했을 것 같습니다. 왜냐하면, 구약성경에는 하나님께 올바르게 제사를 드리는 법과 올바른 제물에 대하여 가르치는 내용 및 그런 제사를 드리는 제사장의 직분에 대하여 많이 말씀하고 있기 때문입니다.

그러나 예수님께서는 마태복음 22:37-40, 혹은 마가복음 12:29-31에서, 신명기 6:4-5과 레위기 19:18 말씀의 내용을 인용해 이렇게 말씀하셨습니다.

> 네 마음을 다하고 목숨을 다하고 뜻을 다하여 주 너의 하나님을 사랑하라 하셨으니 이것이 크고 첫째 되는 계명이요, 둘째는 그와 같으니 네 이웃을 네 몸과 같이 사랑하라 하셨으니, 이 두 계명이 온 율법과 선지자의 강령이니라. (마태복음 22:37-40)

그런데 이 사랑의 계명은, 과거에 한 것과 연관하여 자랑하거나 혹은 후회할 것이 아니며, 또한 앞으로 어떻게 할 것이라는 거창한 사랑의 실천 계획만으로 되는 것이 아니라, 바로 '지금!' 바로 현재의 시점에서 실천되어야 의미가 있는 것입니다.

고린도전서 13:2에서 사도 바울은 '사랑'에 관하여 이렇게 말씀하고 있습니다.

> 내가 예언하는 능이 있어 모든 비밀과 모든 지식을 알고 또 산을 옮길 만한 모든 믿음이 있을지라도 사

랑이 없으면 내가 아무것도 아니요.

결국 '사랑'은 믿는 이들이 바라보고 걸어가야 할 가장 큰 목표이며 반드시 실천해야 할 삶인 것입니다.

그렇다면 하나님을 사랑하는 것이 우리의 매일의 실제 삶에서는 어떻게 드러나야 하겠습니까? 그것은 바로 이웃 즉 가까이 있는 사람을 사랑하는 것이라고 생각합니다. 즉, 멀리 있는 사람이 아니라, 각자가 있는 학교에서, 직장에서, 가정에서, 매일 매시 또는 자주 만나는 그 사람을 사랑해야 하는 것입니다.

몇 년 만에 만나는 사람을 사랑하기는 그래도 쉽습니다. 그러나 매일 만나고 매일 보고 매일 함께 일하는 그 사람과는 오히려 부딪칠 때도 많고 갈등하게 될 때도 많은데, 이렇게 매일 보는 그 이웃 곧 옆에 있는 그 사람에게 참사랑의 실천을 하는 것이 바로 예수님의 십자가의 희생적인 사랑을 실천하는 것입니다.

오늘 우리가 그리스도인이면서 예수님을 따르는 '제자가 된다'는 것은, 나이가 몇 살이든, 하는 일이 무엇이든, 어떤 학벌을 가졌든지, 주님의 십자가의 사랑에 감사하며 우리 자신도 날마다 자기 십자가를 지고 예수님의 사랑을 실천하며 사는 것입니다. 오직 십자가의 사랑을 우리의 유일한 삶의 방식으로 삼고 사는 것이 곧 그리스도의 제자의 삶인 것입니다.

이 세상 사람들 중에는 자기가 살기 위해 누군가를 해치고 희생시키고 남을 밟고 올라서는 것이 이 세상에서 자기가 성공하는 방식이라고 생각하며 사는 사람이 많은 것 같습니다. 그리고 예수님처럼 자신이 죽임을 당하면서 남을 살리는 것에 대하여는 고귀하게 보이기는 하지만 그렇게 하다가는 자신은 희생만 당하고 손해를 보고 결국 실패하는 삶이 되고 만다고 여기고 있습니다.

그러나 겉으로는 실패하는 삶같이 보여도 남을

위해 내가 십자가를 지는 삶이야말로 예수님을 진정으로 따르는, 예수님의 올바른 제자의 삶이고, 또 하나님께서 인정해 주시는 승리하는 삶이며, 가장 올바르고 성공적인 '그리스도인의 길'을 가는 것입니다. 이 말은 하늘나라에서의 영원한 삶을 믿지 않는 사람은 이해하기가 어려울 것입니다.

　예수님을 십자가에 못 박아 죽이는 일에 함께했던 한 로마 백부장은 십자가 위에서 운명하시는 예수님의 모습을 보고 이렇게 말하였습니다.

> 이 사람은 진실로 하나님의 아들이었도다. (마가복음 15:39)

　예수님께서는 감추어진 자신의 지극히 거룩한 본래의 모습을 그 험한 십자가 위에서 드러내 주셨습니다. 이렇게 십자가는 예수님 삶의 마지막 정점인 하나님의 사랑이었습니다.

　그러므로 이 '십자가의 사랑'이라는 삶의 방식

이 우리를 모든 세상 문제로부터 승리하게 하고 회복되게 하는 길이고, 참 그리스도인다운 삶을 살 수 있게 하는 것입니다. 십자가를 포기하고 내려놓는 순간부터 즉시로 인간관계의 갈등과 세상 고민과 걱정과 불안이 몰려오지만, 십자가를 다시 지는 순간부터 세상이 주는 문제들이 사라지고 가볍고 평안한 마음으로 충만해지고 서로 진정으로 사랑하고 감사하며 예수님을 따를 수 있게 됩니다.

그러므로 우리가 잘 아는 말씀인 누가복음 9:23에서 예수님께서, "아무든지 나를 따라오려거든 자기를 부인하고 날마다 제 십자가를 지고 나를 좇을 것이니라"라고 말씀하셨습니다. 마태복음 10:38에서는, "또 자기 십자가를 지고 나를 좇지 않는 자도 내게 합당치 아니하니라"라고 하셨습니다.

주님께 합당치 않은 상태로 따르려고 하니 고민과 갈등과 불안으로 가득하게 되는 것인데, 그 해결책은 심리적 훈련이나 결심으로 어떻게 해 보려고 애쓰는 것이 아니라, 즉시로 자기를 부인하고 자기 십자가를 지고 자신의 생각과 주장과 고집을 십자가에 못 박는 것이 그 해결책인 것입니다. 그 순간 주님께 합당한 자가 되기 때문입니다.

　자기 십자가를 지지 않은 상태로는 아무리 열심히 주님을 좇아도 주님께 합당한 자가 될 수 없습니다. 자기 결심으로는 원수나 미운 사람을 사랑하기는커녕 용서하기도 힘들 뿐만 아니라 가만히 참고 넘어가기도 쉽지가 않습니다. 오직 십자가를 질 때에야 비로소 그를 사랑할 수 있게 됩니다.

　또 자기 자신에 대해 실망하지 않게 되려면 날마다 제 십자가를 지는 것을 잊지 말아야 하겠습니다. 십자가를 버려 놓고는 아무리 열심히 주님을 따르려 해도 내 삶은 가장 고통스럽고 실패와 갈등이 연속되는 삶이 되지만, 이런 문제를 느끼는 순간, 즉시로 내 십자가를 지면 문제를 뛰어넘게 되고 기쁨과 감사가 넘치며 흔들리지 않는 견고한 믿음으로 주님을 섬길 수 있게 되는 것입니다.

그러므로 내 사랑하는 형제들아, 견고하며 흔들리지 말며 항상 주의 일에 더욱 힘쓰는 자들이 되라. 이는 너희 수고가 주 안에서 헛되지 않은 줄을 앎이니라. (고린도전서 15:58)

이 말씀을 이루기 위해서도 내 굳은 결심 위에 먼저 십자가를 져야만 이 말씀을 지속적으로 실천할 수 있게 되는 것입니다.

그러나 내게는 우리 주 예수 그리스도의 십자가 외에 결코 자랑할 것이 없으니…. (갈라디아서 6:14상)

사도 바울은 고린도전서 1:23에서 십자가에 못 박히신 그리스도를 전할 때 이 십자가의 복음이 유대인에게는 '거리끼는 것'이고 이방인에게는 지혜롭지 못한 '미련한 것'으로 여겨지고 있는 것을 경험했습니다. 왜냐하면 앞의 22절에서, 유대인들은 표적을 구하는데 예수님께서는 그렇게 하지 않으시고 십자가에서 죽으셨기 때문이고, 또한 이방인인 헬라인은 지혜를 찾는데 예수님께서는 탁월한 지혜로 십자가에서의 죽음을 피하여 세상을 놀라게 하시지 않고 결국 십자가에서 못 박혀 죽음을 당하셨기 때문입니다.

이런 사람들의 반응 속에서 사도 바울이 십자가를 전하는 것은 참으로 힘든 일이었겠다고 생각됩니다. 그런데 그다음 구절인 24절을 보면 바울은 오히려 십자가를 지신 그리스도 예수님을 자랑하고 있습니다.

> 오직 부르심을 입은 자들(믿고 구원받은 성도들)에게는 유대인이나 헬라인이나 그리스도는 하나님의 능력이요 하나님의 지혜니라.

그래서 바울은 고린도전서 2:2에서, "내가 너희 중에서 예수 그리스도와 그의 십자가에 못 박히신 것 외에는 아무것도 알지 아니하기로 작정하였음이라"라고 말했습니다.

하나님을 증거하러 나갈 때 우리는 자기도 모르

는 사이에, '어떻게 하면 내가 말과 지혜의 아름다운 표현을 잘 구사하여 듣는 사람들에게 감명을 주면서 그들을 능숙하게 설득할 수 있을까?' 하고 생각할 때가 있습니다. 그러나 바울은 남들이 자기에 대해 어떻게 생각하든지 오직 십자가 외에는 아무것도 알지 아니하기로 작정하였습니다. 그것은 이렇게 십자가만을 강조하여 전하는 것이 주님과 자신과 남을 동시에 가장 사랑하는 삶이기 때문입니다.

그러면 우리가 사람들의 진정한 그리고 영원한 필요를 도와주고 해결해 주는 것이 가장 남들을 사랑하는 것이라고 확신하면서, 이 목표에 흔들리지 않는 삶을 살아가기 위하여 우리 각자는 어떻게 해야 하겠습니까?

예! 이제부터 나는,
세상에 가난한 자들이 많지만
오직 십자가의 복음과
그리스도의 제자 훈련과
영적 재생산을 하는 삶 외에는

아무것도 알지 아니하기로 작정한 삶만을
지속할 것입니다!

세상에 억울한 자들도 많이 있지만,
나는 오직 십자가의 복음과
제자 훈련과
영적 재생산을!

세상에 병든 자, 약한 자가 많이 있지만,
그래도 나는 오직 십자가의 복음과
제자 훈련과
영적 재생산을!

세상에 아직 학교 교육을 못 받은 사람이
많이 있지만,
새로운 학교를 세우는 것보다,
나는 오직 십자가의 복음과
제자 훈련과
영적 재생산을 하는 삶을!

세상에 가정 파탄으로 인해
고통받는 사람들이 많아도,
그래도 나는 오직 십자가의 복음과
그리스도의 제자를 훈련하는 것과
영적 재생산을 하는 삶 외에는
아무것도 알지 아니하기로 작정한 삶을
지속할 것입니다.

이렇게 하면,
오히려 사랑이 없는 것 아니냐고 비난을
들을 수 있어도,
그래도 나는
지금 내 직업이 무엇이든
내 위치가 어떠하든지
틈나는 대로 열심으로 짬짬이 시간을 내어
오직 십자가의 복음과
제자 훈련과
영적 재생산을 위해서
살아가야 한다고 주장합니다.

왜냐하면 이렇게 사는 것이야말로 진정으로 사람들을 가장 '사랑하는 것'이 되기 때문입니다. 다른 것은 하면 안 된다는 것이 아니라 '사랑'의 관심과 실천의 우선순위를 의미하는 것입니다. 이것이 사람의 근본적인 필요를 도와주는 가장 큰 사랑이기 때문입니다.

'사랑'은 당장의 필요와 감정적 필요를 도와주고 해결해 주는 것도 중요하지만, 더 근본적으로 중요한 것은 상대방이 하나님의 사랑을 올바로 알고 실천함으로 세상에서의 남은 생애와 그 후의 하늘나라에서의 영원한 삶을 주님의 축복 가운데 풍성히 누리도록 도와주는 것입니다. 이것이 모든 사람들의 가장 참되고 진정한 필요를 채워 주는 사랑이기 때문입니다.

그래서 노년이라 남은 생이 비록 얼마 되지 않는다 해도 모든 사람의 진정한 필요를 실제적으로 돕는 사랑의 실천이 되는 삶인,

오직 십자가의 복음과
그리스도의 제자 훈련과
영적 재생산을 하는 삶 외에는
아무것도 알지 아니하기로 작정한 삶만을
지속할 것입니다!

이런 삶을 살고자 할 때 다음에 소개하는 3E(Evangelizing, Establishing, Equipping)의 내용은 위의 내용의 핵심을 기억하고 실천하는 데에 도움이 되리라 생각됩니다. 잘 묵상해 보시고 개인적 적용과 실천 계획을 세워 실행해 보시기 바랍니다. 주님께서 부르신 이 사명을 성취하는 데 큰 도움이 될 것이라 믿습니다.

3 E

E1: Evangelizing (전도)

E2: Establishing (확립)

E3: Equipping (무장)

E1: Evangelizing (전도)

첫 번째는 Evangelizing 즉 전도 과정입니다. 이것은 복음 전도를 통해 예수님을 믿고 구원을 얻은 사람이 구원의 확신을 갖도록 도와주는 것입니다.

예수님께서는 누가복음 10:1에서, "이후에 주께서 달리 칠십 인을 세우사 친히 가시려는 각동 각처로 둘씩 앞서 보내시며" 하나님의 나라를 선포하고 복음을 전하도록 하셨습니다. 그리고 3절에서, "갈지어다. 내가 너희를 보냄이 어린양을 이리 가운데로 보냄과 같도다"라고 말씀하신 것을 보면, 이 칠십 인 제자들은 처음엔 염려와 두려움이 있었을 것입니다.

하지만 염려했던 것과는 달리 제자들은 복음을 선포하다가 주님의 이름으로 귀신들도 자기들에게 항복하는 것을 경험했습니다. 제자들은 너무나 기뻐서 고무된 기분으로 예수님께 와서 자신들에게 일어난 일들을 말씀드렸습니다. 그러자 예수님께서는 제자들에게 중요한 말씀을 하십니다.

> 내가 너희에게 뱀과 전갈을 밟으며 원수의 모든 능력을 제어할 권세를 주었으니 너희를 해할 자가 결단코 없으리라. 그러나 귀신들이 너희에게 항복하는 것으로 기뻐하지 말고 너희 이름이 하늘에 기록된 것으로 기뻐하라. (19-20절)

예수님께서는 제자들이 다른 무엇보다도 하나님 나라의 백성이 되어 자기 이름이 하늘에 기록된 것을 제일 먼저 가장 기뻐해야 할 일이라고 말씀하신 것입니다.

마귀를 쫓아내는 능력이 얼마나 놀랍고 대단한 능력입니까? 뱀과 전갈을 밟고 원수의 모든 힘을 억누르고 제압할 수 있는 권한이 얼마나 굉장한 일입니까? 또 병을 고치는 능력이 얼마나 대단합니까? 하지만 이 모든 것보다 가장 중요한 것은 '구원받는 은혜'라는 것입니다.

그러므로 정말 우리가 기뻐해야 할 이유는 어떤 능력을 받아서가 아니라, 혹은 어떤 다른 축복들을 받아서가 아니라, 무엇보다도 '구원받은' 이유 하나만으로 가장 기뻐해야 합니다. 왜냐하면 구원은 그 무엇과도 비교할 수 없는 가장 값진 큰 은혜이기 때문입니다. 아멘!

그러므로 내가 받은 이 구원을 세상의 어떤 기쁜 일과도 비교가 될 수 없는 축복이라고 믿는다면, 다른 사람에게도 가장 큰 은혜와 축복을 누리게 하는 것이 그 사람의 구원이기 때문에 당연히 그들에게도 전도를 먼저 해야 합니다. 그래서 전도는 최상의 섬김이며 가장 필요한 봉사이며 가장 깊고 큰 사랑의 실천입니다. 그러므로 전도는 이 큰 은혜에 감동되어 기쁨과 자발적으로 하게 되는 것이어야 합니다. 곧 전도를 즐기는 삶을 살아야 하겠습니다.

> 그런즉 저희가 믿지 아니하는 이를 어찌 부르리요? 듣지도 못한 이를 어찌 믿으리요? 전파하는 자가 없이 어찌 들으리요? 보내심을 받지 아니하였으면 어찌 전파하리요? 기록된 바 "아름답도다. 좋은 소식을 전하는 자들의 발이여" 함과 같으니라. (로마서 10:14-15)

또 디모데후서 4:2,5,17 말씀에서는 이렇게 우리에게 전도를 열심히 하도록 북돋아 주고 있습니다.

> ²너는 말씀을 전파하라. 때를 얻든지 못 얻든지 항상 힘쓰라. 범사에 오래 참음과 가르침으로 경책하며 경계하며 권하라. ⁵그러나 너는 모든 일에 근신하여 고난을 받으며 전도인의 일을 하며 네 직무를 다하라. ¹⁷주께서 내 곁에 서서 나를 강건케 하심은 나

로 말미암아 전도의 말씀이 온전히 전파되어 이방인으로 듣게 하려 하심이니 내가 사자의 입에서 건지웠느니라.

E2: Establishing (확립)

두 번째는 Establishing 즉 확립 과정입니다. 이것은 새 신자를 부모의 관심과 사랑으로 양육하여 영적으로 건강하게 성장하도록 도와줌으로 견고하게 세워 주는 것입니다.

농부가 씨를 뿌리고 싹이 났을 때 그것이 자라고 열매 맺을 때까지 돌보지 않는다면 그는 매우 이상하고 어리석은 농부입니다. 사도 바울은 영적 양육(Follow-up)을 하는 일에 어머니와 아버지의 양면적 역할을 다 했습니다. 즉, 영적 양육에서 자녀를 사랑하는 부모의 역할을 균형 있게 한 것입니다.

내가 너희를 부끄럽게 하려고 이것을 쓰는 것이 아니라 오직 너희를 내 사랑하는 자녀같이 권하려 하는 것이라. 그리스도 안에서 일만 스승이 있으되 아비는 많지 아니하니 그리스도 예수 안에서 복음으로써 내가 너희를 낳았음이라. (고린도전서 4:14-15)

어머니의 역할의 핵심은 목숨까지 주기를 즐겨하는 사랑을 베푸는 것에 있습니다.

오직 우리가 너희 가운데서 유순한 자 되어 유모가 자기 자녀를 기름과 같이 하였으니, 우리가 이같이 너희를 사모하여 하나님의 복음으로만 아니라 우리 목숨까지 너희에게 주기를 즐겨함은 너희가 우리의 사랑하는 자 됨이니라. (데살로니가전서 2:7-8)

아버지의 역할의 핵심은 권면, 위로, 경계를 함으로, 그 결과 하나님께 합당히 행하는 사람으로 성장하도록 돕는 것에 있습니다.

너희도 아는 바와 같이 우리가 너희 각 사람에게 아

비가 자기 자녀에게 하듯 권면하고 위로하고 경계하노니, 이는 너희를 부르사 자기 나라와 영광에 이르게 하시는 하나님께 합당히 행하게 하려 함이니라. (데살로니가전서 2:11-12)

왜 양육(Follow-up)을 해야 하는가

1. 예수님께서 분부하심

예수께서 나아와 일러 가라사대, "하늘과 땅의 모든 권세를 내게 주셨으니 그러므로 너희는 가서 모든 족속으로 제자를 삼아 아버지와 아들과 성령의 이름으로 세례를 주고 내가 너희에게 분부한 모든 것을 가르쳐 지키게 하라. 볼지어다. 내가 세상 끝 날까지 너희와 항상 함께 있으리라" 하시니라. (마태복음 28:18-20)

이것은 예수께서 죽은 자 가운데서 살아나신 후에 세 번째로 제자들에게 나타나신 것이라. 저희가 조반 먹은 후에 예수께서 시몬 베드로에게 이르시되 "요한의 아들 시몬아, 네가 이 사람들보다 나를 더 사랑하느냐?" 하시니, 가로되 "주여, 그러하외다. 내가 주를 사랑하는 줄 주께서 아시나이다." 가라사대 "내 어린양을 먹이라" 하시고, 또 두 번째 가라사대 "요한의 아들 시몬아, 네가 나를 사랑하느냐?" 하시니, 가로되 "주여, 그러하외다. 내가 주를 사랑하는 줄 주께서 아시나이다." 가라사대 "내 양을 치라" 하시고, 세 번째 가라사대 "요한의 아들 시몬아, 네가 나를 사랑하느냐?" 하시니, 주께서 세 번째 "네가 나를 사랑하느냐?" 하시므로 베드로가 근심하여 가로되 "주여, 모든 것을 아시오매 내가 주를 사랑하는 줄을 주께서 아시나이다." 예수께서 가라사대 "내 양을 먹이라." (요한복음 21:14-17)

2. 각 사람을 그리스도 안에서 완전한 자로 세우기 위해

우리가 그를 전파하여 각 사람을 권하고 모든 지혜로 각 사람을 가르침은 각 사람을 '그리스도 안에서 완전한 자'로 세우려 함이니. (골로새서 1:28)

3. 시험하는 자의 훼방에도 열매가 유지되도록 하기 위해

이러므로 나도 참다못하여 너희 믿음을 알기 위하여 보내었노니, 이는 혹 시험하는 자가 너희를 시험하여 우리 수고를 헛되게 할까 함일러니. (데살로니가전서 3:5)

4. 부모는 자기 자녀를 기를 의무가 있기 때문에

그리스도 안에서 일만 스승이 있으되 아비는 많지 아

니하니 그리스도 예수 안에서 복음으로써 내가 너희를 낳았음이라. (고린도전서 4:15)

들개는 오히려 젖을 내어 새끼를 먹이나 처녀 내 백성은 잔인하여 광야의 타조 같도다. 젖먹이가 목말라서 혀가 입천장에 붙음이여, 어린아이가 떡을 구하나 떼어 줄 사람이 없도다. (예레미야애가 4:3-4)

타조는 즐거이 그 날개를 친다마는 그 깃과 털이 인자를 베푸느냐? 그것이 알을 땅에 버려두어 모래에서 더워지게 하고 발에 깨어질 것이나 들짐승에게 밟힐 것을 생각지 아니하고 그 새끼에게 무정함이 제 새끼가 아닌 것처럼 하며 그 구로한 것이 헛되게 될지라도 괘념치 아니하나니. (욥기 39:13-16)

광야의 타조뿐만 아니라 뻐꾸기는 자기 알을 자기가 품지 않고 남의 둥지에 알을 낳는 탁란(托卵)으로 새끼를 기르는 새로 잘 알려져 있는데, 우리는 뻐꾸기처럼 자신의 영적 자녀를 방치하거나 누구에게 맡기지 말고 자기가 직접 양육해야 합니다. 이것이 부모의 의무를 올바르게 하는 것입니다.

5. 하나님께 합당히 행하도록

너희도 아는 바와 같이 우리가 너희 각 사람에게 아비가 자기 자녀에게 하듯 권면하고 위로하고 경계하노니, 이는 너희를 부르사 자기 나라와 영광에 이르게 하시는 하나님께 합당히 행하게 하려 함이니라. (데살로니가전서 2:11-12)

6. 영적 배가를 이루게 되도록

또 네가 많은 증인 앞에서 내게 들은 바를 충성된 사람들에게 부탁하라. 저희가 또 다른 사람들을 가르칠 수 있으리라. (디모데후서 2:2)

어떻게 양육(Follow-up)하는가

1. 밤과 낮으로 그 사람을 위해 기도함

기도는 그 사람에 대한 사랑의 관심입니다.

나의 밤낮 간구하는 가운데 쉬지 않고 너를 생각하여 청결한 양심으로 조상 적부터 섬겨 오는 하나님께 감사하고. (디모데후서 1:3)

주야로 심히 간구함은 너희 얼굴을 보고 너희 믿음의 부족함을 온전케 하려 함이라. (데살로니가전서 3:10)

2. 자주 만나야 함

수일 후에 바울이 바나바더러 말하되 "우리가 주의 말씀을 전한 각 성으로 다시 가서 형제들이 어떠한가 방문하자" 하니. (사도행전 15:36)

3. 자주 권면의 편지, 전화를 함(떨어져 있을 때)

내가 너희를 부끄럽게 하려고 이것을 쓰는 것이 아니라 오직 너희를 내 사랑하는 자녀같이 권하려 하는 것이라. (고린도전서 4:14)

4. 함께함

이에 열둘을 세우셨으니 이는 자기와 '함께 있게' 하시고 또 보내사 전도도 하며. (마가복음 3:14)

예수님께서는 제자들이 전도를 하도록 보내시기 전에 먼저 "함께 있게" 하심으로 그들로 자신과 사랑의 관계를 깊이 맺도록 하시고, 또 사명을 감당할 수 있도록 준비시켜 주셨습니다(마태복음 28:20, 마태복음 1:23, 이사야 41:10, 시편 121:3-4 참조).

우리도 예수님의 모범을 따라 적용하고 실천해야 합니다. 집에서 키우는 애견보다 함께하는 시간이 적으면 곤란하지 않겠습니까?

5. 동역자를 보냄

이를 인하여 내가 주 안에서 내 사랑하고 신실한 아들 디모데를 너희에게 보내었노니, 저가 너희로 하여금 그리스도 예수 안에서 나의 행사 곧 내가 각처 각 교회에서 가르치는 것을 생각나게 하리라. (고린도전서 4:17)

6. 각 개인의 필요를 도움(맨투맨)

우리가 그를 전파하여 '각 사람'을 권하고 모든 지혜로 '각 사람'을 가르침은 '각 사람'을 그리스도 안에서 완전한 자로 세우려 함이니. (골로새서 1:28)

그러므로 너희가 일깨어 내가 삼 년이나 밤낮 쉬지 않고 눈물로 각 사람을 훈계하던 것을 기억하라. (사도행전 20:31)

7. 성장할 때까지 집중하여 상당 기간 길러 줘야 함

일 년 육 개월을 유하며 그들 가운데서 하나님의 말씀을 가르치니라. (사도행전 18:11)

8. 자라지 못할 때도 포기하지 말고 다시 계속 도움

나의 자녀들아, 너희 속에 그리스도의 형상이 이루기까지 다시 너희를 위하여 해산하는 수고를 하노니. (갈라디아서 4:19)

9. 조급하게 포기하지 말 것

너는 아침에 씨를 뿌리고 저녁에도 손을 거두지 말라. 이것이 잘될지, 저것이 잘될지, 혹 둘이 다 잘될지 알지 못함이니라. (전도서 11:6)

10. 충성된 사람에게 집중할 것

> 또 네가 많은 증인 앞에서 내게 들은 바를 충성된 사람들에게 부탁하라. 저희가 또 다른 사람들을 가르칠 수 있으리라. (디모데후서 2:2)

11. 이 모든 것을 사랑으로 해야 함

> 이 모든 것 위에 사랑을 더하라. 이는 온전하게 매는 띠니라. (골로새서 3:14)

방법(method)은 90%인데 사랑(love)은 10%로 사람을 도우면 항상 그 결과가 공허해집니다. 리더(leader, 영적 지도자)는 팔로워(follower, 따르며 배우는 사람)의 교과서가 아닙니다. 리더는 팔로워의 마음속에 들어가야 합니다. 리더는 팔로워의 연구 대상이 아닙니다. 리더는 팔로워와 생명을 나누는 사랑의 사람이 되어야 합니다(데살로니가전서 2:8 참조).

예수 그리스도께서는 단지 나의 선생님이 아니라 내 안에 들어와 계시기를 원하는 분이시며(요한계시록 3:20), 또 내 안에 계십니다(요한복음 17:21,23, 고린도후서 13:5, 골로새서 1:27하, 로마서 8:10 참조). 이와 같이 리더(지도자)는 팔로워의 마음 안에 들어가 있어야 합니다. 이렇게 사랑이 기초가 된 관계일 때 리더의 도움이 팔로워에게 생명력이 있게 되는 것입니다.

이런 사랑을 가지고, 예수님을 영접하여 구원받게 된 초신자들을 영적으로 잘 성장하도록 양육함으로 흔들림 없는 견고한 믿음을 지속하도록 도와주어야 합니다. 이를 위해 아래의 말씀들을 잘 묵상하고 적용하시기 바랍니다.

… 하나님을 아는 것에 자라게 하시고. (골로새서 1:10하)

오직 우리 주 곧 구주 예수 그리스도의 은혜와 저를 아는 지식에서 자라 가라. (베드로후서 3:18)

믿음으로 말미암아 그리스도께서 너희 마음에 계시게 하옵시고, 너희가 사랑 가운데서 '뿌리가 박히고 터가 굳어져서' 능히 모든 성도와 함께 지식에 넘치는 그리스도의 사랑을 알아 그 넓이와 길이와 높이와 깊이가 어떠함을 깨달아 하나님의 모든 충만하신 것으로 너희에게 충만하게 하시기를 구하노라. (에베소서 3:17-19)

그 안에 '뿌리를 박으며 세움을 입어' 교훈을 받은 대로 믿음에 굳게 서서 감사함을 넘치게 하라. (골로새서 2:7)

또 아비들아, 너희 자녀를 노엽게 하지 말고 오직 주의 교양과 훈계로 양육하라. (에베소서 6:4)

이 말씀은 가정에서 자녀들을 돕는 데에 적용할 뿐만 아니라, 영적 자녀들에게도 같은 원리로 할 것을 가르쳐 줍니다.

하나님의 말씀과 기도로 거룩하여짐이니라. 네가 이것으로 형제를 깨우치면 그리스도 예수의 선한 일꾼

이 되어 믿음의 말씀과 네가 좇은 선한 교훈으로 양육을 받으리라. (디모데전서 4:5-6)

다음에 소개하는 V Hand 예화의 내용을 사랑 가운데 잘 실천하도록 도우면 영적 확립에 확실한 도움이 됩니다.

V Hand 예화

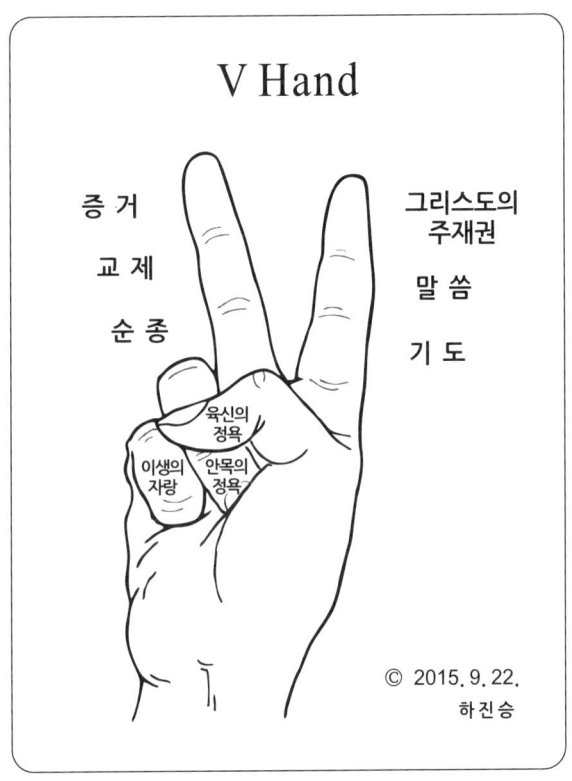

하루 동안 우리 삶이 가치 있고 의미 있는 일들로 이어지면 그 하루는 승리한 하루가 됩니다. 일

주일을 또는 한 달을 가치 있고 의미 있게 보내면 일주일과 한 달을 승리한 것입니다. 이렇게 하루, 일주일, 한 달, 한 해 한 해를 지속적으로 의미 있게 살아가게 되면 우리의 일생이 승리하는 삶이 됩니다.

이를 위해 여러 가지 방법과 이론, 또 훌륭한 아이디어가 떠오를 수 있습니다. 그러나 많은 경우 복잡한 것은 실제적으로 도움이 되지 못하는 것을 경험합니다. 진정으로 도움이 되려면 기억하기 쉽고 적용과 실천이 가능하며, 또한 다른 이에게 전달 가능한 것이어야 합니다. 그러므로 진정으로 유익한 원리가 되려면 일단 단순성이 있어야 하겠습니다. 그 단순한 원리가 무엇일까요?

다윗이 골리앗을 이긴 승리의 비결은 사울의 군복과 검과 갑옷과 놋투구 같은 자랑스럽고 출중한 것이 아니었습니다. 오히려 그런 것들은 다윗에게는 익숙지 못했고 무겁고 거추장스러워서 그는 그것들을 벗어 버리고 대신 그의 목자로서의 일상에 익숙했던 매끄러운 돌 다섯 개와 물매를 가지고 만군의 여호와의 이름으로 나아가서 그를 물리쳤습니다(사무엘상 17:38-51). 우리에게도 익숙한 영적인 일상이 있을 것입니다. 그것으로 나아가야 승리한다고 믿습니다.

　가족이나 가까운 친구 중에 군에 입대하기 위해, 또는 직장에 첫 출근을 하기 위해, 시험을 보러 가기 위해, 또는 어떤 경기를 하려고 집을 나서는 사람이 있을 때, 우리는 부모나 형제 자매로서 또는 친구로서 그에게 꼭 잘 견디고 승리하라는 표시로 팔을 번쩍 들어 손가락 두 개를 쫙 벌려 V자 표시를 힘차게 내밀며 그를 격려해 줍니다.

　승리의 V자 표시를 하는 우리의 두 손가락에는 여섯 마디가 있습니다. 각 마디에는 그리스도인으로서 승리하는 삶을 사는 데 도움이 되는 성경의 진리들을 나타내는 예를 적용해 볼 수 있습니다.

V자의 첫째 손가락(검지)

첫째 마디: 그리스도의 주재권(Lordship of Christ) – 마태복음 6:33, 누가복음 9:23, 갈라디아서 2:20

검지의 첫째 마디를 그리스도의 주재권을 나타내는 것으로 한 이유는 이 첫 마디가 보통 목표를 가리키거나 방향을 지시하는 데 사용하기 때문입니다.

다윗은 블레셋 및 골리앗과 맞서 싸우려고 나갈 때 이렇게 말했습니다.

… 전쟁은 여호와께 속한 것인즉 그가 너희를 우리 손에 붙이시리라. (사무엘상 17:47)

이 믿음은 바로 하나님의 주재권을 인정하는 데서 나온 것입니다.

그것은 하나님께서 우리를 위해 싸우실 것과 하

나님께서 이 싸움의 통제자이시며 주관자이신 것을 믿는 것입니다.

여호수아도 "이스라엘의 하나님 여호와께서 이스라엘을 위하여 싸우신 고로 여호수아가 이 모든 왕과 그 땅을 단번에 취하니라"(여호수아 10:42)라고 하신 말씀에서 보여 주는 것처럼 하나님의 주재권에 대한 믿음을 가지고 승리하였습니다.

우리는 삶의 크고 작은 많은 싸움에서 우리 자신의 지혜와 힘을 의지해서는 승리할 수 없습니다. 오직 하나님이 싸움의 주관자이심을 인정하는 가운데 하나님의 지혜와 능력을 의지하며 싸울 때에만 승리가 우리의 것이 되는 것입니다.

둘째 마디: 말씀(Word) – 히브리서 4:12, 사도행전 20:32, 디모데후서 3:16, 여호수아 1:8, 시편 119:9,11

마태복음 4:4에서 예수님께서 대답하셨습니다. "기록되었으되 '사람이 떡으로만 살 것이 아니요 하나님의 입으로 나오는 모든 말씀으로 살 것이라' 하였느니라." 예수님께서는 말씀의 능력으로 마귀의 시험을 물리치셨습니다. 예수님의 본을 따라 우리도 하나님의 말씀을 마음에 새기고 순종함으로 그 말씀의 능력으로 승리를 경험할 수 있습니다.

셋째 마디 : 기도(Prayer) – 요한복음 15:7, 빌립보서 4:6-7, 요한복음 16:24

우리는 여호수아가 아말렉과의 싸움에서 승리한 내용을 통해 기도의 능력을 보게 됩니다. 여호수아가 아말렉과 싸울 때, 모세가 기도의 손을 높이 들고 있는 동안에는 그가 승리할 수 있었습니다(출애굽기 17:8-13).

V자의 둘째 손가락(중지)

첫째 마디 : 증거(Witnessing) – 마태복음 4:19, 로마서 1:16, 베드로전서 3:15

중지의 첫째 마디를 증거를 나타내는 것으로 한 이유는 우리가 손을 뻗어 외부와 접촉할 때 이 중지의 첫 마디가 제일 먼저 닿고 접촉되는 부분이기 때문입니다. 증거는 우리가 다른 사람들에게 나아가 복음으로 그들의 마음에 닿게 하는 것입니다.

누가복음 10장에서 예수님께서 70인의 제자들을 보내셔서 전도하게 하셨는데, 그들이 돌아와서 매우 기뻐하며 말했습니다. "주여, 주의 이름으로 귀신들도 우리에게 항복하더이다"(누가복음 10:17). 이에 예수님께서는, "사단이 하늘로서 번개같이 떨어지는 것을 내가 보았노라"라고 말씀하셨습니다. 70인의 제자들이 나가서 복음을 증거할 때 사탄이 추락한 것입니다. 우리의 증거는 하나님의 사랑과 은혜를 소개하는 활동 그 이상인 것입니다. 그것은 바로 사탄과의 싸움인 것입니다. 우리가 다른 사람들에게 주님에 대하여 증거하여 그들을 주님께로 인도할 때 우리는 사탄과의 싸움에서 승리한 것입니다.

둘째 마디 : 교제(Fellowship) – 마태복음 18:20, 히브리서 10:24-25, 요한일서 4:11, 요한일서 1:7

"거기 형제들이 우리 소식을 듣고 압비오 저자와 삼관까지 맞으러 오니 바울이 저희를 보고 하나님께 사례하고 답대한 마음을 얻으니라"(사도행전 28:15). 사도 바울처럼 위대한 영적 지도자도 형제들과 만나는 교제를 통하여 격려와 힘을 얻었습니다. 그러므로 교제는 우리의 승리의 삶에 필수 불가결한 요소인 것입니다.

셋째 마디 : 순종(Obedience) – 로마서 12:1, 요한복음 14:21, 히브리서 5:8-9, 사무엘상 15:22

그러므로 형제들아, 내가 하나님의 모든 자비하심으로 너희를 권하노니 너희 몸을 하나님이 기뻐하시는 거룩한 산제사로 드리라. 이는 너희의 드릴 영적 예배니라. (로마서 12:1)

이 말씀의 요지는 우리 몸을 산제사로 드리는 것

입니다. 헌신은 순종의 출발입니다. 순종은 내적으로 마음속에서 시작하여 외적으로 행동으로 나타나는 것입니다.

요한복음 14:21은 순종이란 단순하게 하나님의 말씀대로 사는 것임을 보여 줍니다. 사무엘상 15:23에서 사울은 하나님의 말씀을 저버렸을 때 왕으로서 버림을 받게 되었습니다.

나머지 세 개의 손가락(V자 표시 밑에 오므림) – 요한일서 2:15-16

엄지 : 육신의 정욕(The lust of the flesh)

무명지(약지) : 안목의 정욕
(The lust of the eyes)

계지(새끼손가락) : 이생의 자랑
(The pride of life)

세상의 목소리는 우리로 하여금 이 세 손가락을 활짝 펴라고 속삭이지만, 우리는 죄악으로 기울기 쉬운 이 세 가지를 V자 밑에 꽉 접어서 매일의 영적 생활에서 활동하지 못하게 해야 합니다. 이 세 손가락이 느슨하게 펴지게 되면 V표시는 사라지고 빈 손이 되어 아무것도 얻지 못하게 됨을 명심해야 합니다. 또 엄지를 펴면 무명지와 계지를 접고 있어도 권총이 되어 남을 공격하는 도구가 되고 맙니다.

우리가 어떻게 이 육신의 손가락들을 억제해야 하는지에 대해 하나님의 약속은 매우 분명합니다.

사람이 감당할 시험밖에는 너희에게 당한 것이 없나니, 오직 하나님은 미쁘사 너희가 감당치 못할 시험 당함을 허락지 아니하시고 시험당할 즈음에 또한 피할 길을 내사 너희로 능히 감당하게 하시느니라. (고린도전서 10:13)

✻ ✻ ✻

    우리가 두 V 손가락을 최대로 펴고 동시에 세 육신의 손가락을 꽉 접을 때, 우리는 확실한 승리의 삶을 살게 됩니다. 이렇게 사는 것은 매우 단순하게 보여서 외적으로 볼 때 그렇게 능력 있는 것처럼 보이지 않을 수도 있습니다. 그러나 우리로 승리의 삶을 살게 하는 것은 사울의 갑옷처럼 그럴듯하게 보이는 복잡한 이론들이 아니라 다윗의 단순한 물매와 조약돌처럼 익숙하게 실천 가능하고 검증된 성경적 원리들인 것입니다.

E3: Equipping (무장)

세 번째는 Equipping 즉 무장 과정입니다. 이것은 영적 훈련 과정입니다. 장성한 그리스도인이 되어 주님의 쓰심에 온전히 구비되도록 훈련하는 것입니다.

준비되고 구비된 장성한 지도자(leader)가 필요한 이유는 무엇입니까? 하나님께서 우리로 어린 상태에 머물러 있지 말고 장성한 그리스도인이 되기를 원하시기 때문입니다

내가 어렸을 때에는 말하는 것이 어린아이와 같고

깨닫는 것이 어린아이와 같고 생각하는 것이 어린아이와 같다가 장성한 사람이 되어서는 어린아이의 일을 버렸노라. (고린도전서 13:11)

형제들아, 지혜에는 아이가 되지 말고 악에는 어린아이가 되라. 지혜에 장성한 사람이 되라. (고린도전서 14:20)

대저 젖을 먹는 자마다 어린아이니 의의 말씀을 경험하지 못한 자요, 단단한 식물은 장성한 자의 것이니 저희는 지각을 사용하므로 연단을 받아 선악을 분변하는 자들이니라. (히브리서 5:13-14)

이와 같이 장성한 사람은 온전하고 구비되어 주님께 쓰임받을 수 있는 일꾼의 자질이 있기 때문입니다.

우리가 그를 전파하여 각 사람을 권하고 모든 지혜로 각 사람을 가르침은 각 사람을 그리스도 안에서 완전한 자로 세우려 함이니. (골로새서 1:28)

이는 너희 믿음의 시련이 인내를 만들어 내는 줄 너희가 앎이라. 인내를 온전히 이루라. 이는 너희로 온전하고 구비하여 조금도 부족함이 없게 하려 함이라. (야고보서 1:3-4)

그러므로 누구든지 이런 것에서 자기를 깨끗하게 하면 귀히 쓰는 그릇이 되어 거룩하고 '주인의 쓰심에 합당하며 모든 선한 일에 예비함'이 되리라. (디모데후서 2:21)

너희 중 장로들에게 권하노니, 나는 함께 장로 된 자요 그리스도의 고난의 증인이요 나타날 영광에 참예할 자로라. 너희 중에 있는 하나님의 양 무리를 치되 부득이함으로 하지 말고 오직 하나님의 뜻을 좇아 자원함으로 하며, 더러운 이를 위하여 하지 말고 오직 즐거운 뜻으로 하며, 맡기운 자들에게 주장하는 자세를 하지 말고 오직 양 무리의 본이 되라. 그리하면 목자장이 나타나실 때에 시들지 아니하는 영광의 면류관을 얻으리라. (베드로전서 5:1-4)

그리스도인에게 믿음의 시련이 왔을 때 인내하며 잘 훈련이 되면 그는 온전하고 구비되어 주님께서 쓰심에 부족함이 없게 됩니다. 어둡고 혼돈된 세상에서 방황하는 영혼들을 구하고 또한 그들을 주님의 뜻에 따라 살아가게 함으로 하나님을 기쁘시게 하고, 또 그들로 늘 평강과 축복 가운데 잘 살아갈 수 있도록 도와줄 장성한 지도자를 하나님께서는 찾고 계십니다.

　　마태복음 9:36에서 보여 주신 것처럼, 세상에는 목자 없이 잃어버린 양들이 갈 바를 모르고 고생하며 유리하고 있기 때문에 이들을 이끌 목자와 같은 지도자가 필요합니다. 사사기 17:6에서 "그때에는 이스라엘에 왕이 없으므로 사람마다 자기 소견에 옳은 대로 행하였더라"라고 말씀하신 것과 같이(사사기 21:25 참조) 이스라엘 백성들도 그들을 이끌 지도자가 없기 때문에 각각 자기 소견대로 자기 길을 가니 혼돈될 수밖에 없었습니다. 그들을 보호하고 필요를 충족시켜 줄 목자와 같은 지도자가 필요했던 것입니다.

이 땅을 위하여 성을 쌓으며 성 무너진 데를 막아서서 나로 멸하지 못하게 할 사람을 내가 그 가운데서 찾다가 얻지 못한 고로. (에스겔 22:30)

세상에 이렇게 참지도자가 없을 때 하나님께서는 예수님을 보내셨습니다.

하나님의 사랑이 우리에게 이렇게 나타난 바 되었으니 하나님이 자기의 독생자를 세상에 보내심은 저로 말미암아 우리를 살리려 하심이니라. 사랑은 여기 있으니 우리가 하나님을 사랑한 것이 아니요 오직 하나님이 우리를 사랑하사 우리 죄를 위하여 화목제로 그 아들을 보내셨음이니라. (요한일서 4:9-10)

이렇게 오신 예수님께서 그 크신 사랑 가운데 우리에게 원하시고 부탁하시고 명하신 일이 곧
"내 어린양을 먹이라"(요한복음 21:15),
"내 양을 치라"(요한복음 21:16),
"내 양을 먹이라"(요한복음 21:17)라는 것이었습니다.

예수님께서 베드로에게 사랑을 확인하신 후 할 일을 명하신 것처럼 우리도 예수님을 사랑한다면 우리의 할 일도 곧 예수님의 양을 먹이는 일인 것입니다.

예수께서 나아와 일러 가라사대 "하늘과 땅의 모든 권세를 내게 주셨으니, 그러므로 너희는 가서 모든 족속으로 제자를 삼아 아버지와 아들과 성령의 이름으로 세례를 주고 내가 너희에게 분부한 모든 것을 가르쳐 지키게 하라. 볼지어다. 내가 세상 끝 날까지 너희와 항상 함께 있으리라" 하시니라. (마태복음 28:18-20)

이렇게 우리가 받은 이 지상사명을 위해 헌신적으로 일생을 드려 충성을 다해야 하겠습니다. 아멘!

그러면 이 부르신 사명을 감당할, 영적으로 장성한 사람의 자질과 성품은 어떤 것일까요?

1. 섬기는 사람(Servantship)

너희는 그렇지 않을지니 너희 중에 큰 자는 젊은 자와 같고 두목은 섬기는 자와 같을지니라. 앉아서 먹는 자가 크냐? 섬기는 자가 크냐? 앉아 먹는 자가 아니냐? 그러나 나는 섬기는 자로 너희 중에 있노라. (누가복음 22:26-27)

예수님께서는 앉아서 드시는 것이 당연한, 지극히 크고 높으신 분이신데도, 이처럼 오히려 섬기는 자로 우리 중에 있다고 하셨습니다.

그러나 이제는 내가 성도를 섬기는 일로 예루살렘에 가노니. (로마서 15:25)

바울도 섬기는 일을 하였습니다.

너희 중에 큰 자는 너희를 섬기는 자가 되어야 하리라. (마태복음 23:11)

이 말씀과 같이 장성한 사람 곧 참된 지도자는 섬기는 자여야 합니다.

2. 충성된 사람(Faithfulness)

　충성되고 지혜 있는 종이 되어 주인에게 그 집 사람들을 맡아 때를 따라 양식을 나눠 줄 자가 누구뇨? (마태복음 24:45)

　그 주인이 이르되 "잘하였도다. 착하고 충성된 종아, 네가 작은 일에 충성하였으매 내가 많은 것으로 네게 맡기리니 네 주인의 즐거움에 참예할지어다" 하고. (마태복음 25:21)

　이 말씀과 같이, 지도자는 섬기는 종일 뿐만 아니라 '충성된 사람'이어야 합니다.

3. 겸손한 사람(Humility)

형제들아, 너희를 부르심을 보라. 육체를 따라 지혜 있는 자가 많지 아니하며 능한 자가 많지 아니하며 문벌 좋은 자가 많지 아니하도다. 그러나 하나님께서 세상의 미련한 것들을 택하사 지혜 있는 자들을 부끄럽게 하려 하시고, 세상의 약한 것들을 택하사 강한 것들을 부끄럽게 하려 하시며, 하나님께서 세상의 천한 것들과 멸시받는 것들과 없는 것들을 택하사 있는 것들을 폐하려 하시나니, 이는 아무 육체라도 하나님 앞에서 자랑하지 못하게 하려 하심이라. 너희는 하나님께로부터 나서 그리스도 예수 안에 있고, 예수는 하나님께로서 나와서 우리에게 지혜와 의로움과 거룩함과 구속함이 되셨으니, 기록된 바 "자랑하는 자는 주 안에서 자랑하라" 함과 같게 하려 함이니라. (고린도전서 1:26-31)

아무 일에든지 다툼이나 허영으로 하지 말고 오직 겸손한 마음으로 각각 자기보다 남을 낫게 여기고. (빌립보서 2:3)

젊은 자들아, 이와 같이 장로들에게 순복하고 다 서로 겸손으로 허리를 동이라. 하나님이 교만한 자를 대적하시되 겸손한 자들에게는 은혜를 주시느니라. 그러므로 하나님의 능하신 손 아래서 겸손하라. 때가 되면 너희를 높이시리라. (베드로전서 5:5-6)

사람의 마음의 교만은 멸망의 선봉이요 겸손은 존귀의 앞잡이니라. (잠언 18:12)

교만과 겸손의 결과가 이렇게 차이가 납니다. 겸손한 사람이 존귀한 지도자가 될 수 있습니다.

4. 거룩한 삶을 사는 사람(Godly and Holy Life)

오직 너희를 부르신 거룩한 자처럼 너희도 모든 행실에 거룩한 자가 되라. 기록하였으되 "내가 거룩하니 너희도 거룩할지어다" 하셨느니라. (베드로전서 1:15-16)

그러므로 누구든지 이런 것에서 자기를 깨끗하게 하면 귀히 쓰는 그릇이 되어 거룩하고 주인의 쓰심에 합당하며 모든 선한 일에 예비함이 되리라. (디모데후서 2:21)

깨끗하고 거룩한 그릇이 되어야 주님께서 쓰시기에 합당한 자가 되는 것입니다.

하나님의 뜻은 이것이니 너희의 거룩함이라. 곧 음란을 버리고. (데살로니가전서 4:3)

거룩은 우리에 대한 하나님의 뜻입니다. 하나님의 우리에 대한 뜻인 거룩함을 유지하기 위해 필요한 것은 곧 '말씀'과 '기도'입니다.

하나님의 말씀과 기도로 거룩하여짐이니라. (디모데전서 4:5)

그러므로 말씀과 기도에 더욱 드려지는 삶을 살아야 하겠습니다.

5. 양 무리의 본이 되는 삶

너희 중 장로들에게 권하노니, 나는 함께 장로 된 자요 그리스도의 고난의 증인이요 나타날 영광에 참예할 자로라. 너희 중에 있는 하나님의 양 무리를 치되 부득이함으로 하지 말고 오직 하나님의 뜻을 좇아 자원함으로 하며, 더러운 이를 위하여 하지 말고 오직 즐거운 뜻으로 하며, 맡기운 자들에게 주장하는 자세를 하지 말고 오직 양 무리의 '본이 되라'. 그리하면 목자장이 나타나실 때에 시들지 아니하는 영광의 면류관을 얻으리라. (베드로전서 5:1-4)

＊ ＊ ＊

지금까지의 말씀과 같이, 우리의 전도를 통해 예수님을 믿고 구원받은 사람이 생기면, 영적 자녀인 그를 잘 성장하도록 양육하여 주님의 제자로 견고하게 세워 주어야 합니다. 더 나아가 그가 영적 지도자의 역할을 넉넉히 감당할 수 있는 장성한 사람의 자질이 온전히 구비되도록 잘 훈련하여 주어야 합니다. 그렇게 함으로써, 그가 마태복음 13:23의 '열매를 풍성하게 맺는 좋은 땅과 같은 사람'이 될 뿐만 아니라, 그를 통해 또 다른 사람들을 그렇게 도와줄 수 있게 되도록 해야 하겠습니다.

> 또 네가 많은 증인 앞에서 내게 들은 바를 충성된 사람들에게 부탁하라. 저희가 또 다른 사람들을 가르칠 수 있으리라. (디모데후서 2:2)

✻ 네비게이토 소책자 시리즈 ✻

1. 성경암송을 통하여 주님께로 돌아오다 ·················· 도슨 트로트맨
2. 시대의 요청 ··· 도슨 트로트맨
3. 재생산을 위한 출생 ··· 도슨 트로트맨
4. 수레바퀴 예화 ··· 네비게이토
5. 일대일 사역 ·· 잭 그리핀

6. 제자의 특징 ·· 론 쎄니
7. 하나님의 뜻을 아는 법 ··· 러쓰 존스톤
8. 기도의 하루를 보내는 방법 ·· 론 쎄니
9. 기도 응답을 받는 방법 ··· 제리 브릿지즈
10. 경건한 여인 ·· 라일라 스팍스

11. 전도를 즐기는 삶 (영문판: A Life That Enjoys Evangelism) ····· 하진승
12. 섬김을 위한 부르심 ··· 레이 호
13. 정 직 ·· 헬렌 애쉬커
14. 그리스도를 닮아감 ··· 짐 화이트
15. 최후의 승리를 얻기까지 ····································· 월터 헨릭슨

16. 전도의 열정 ··· 로버트 콜만
17. 영적인 의지력 ·· 제리 브릿지즈
18. 사고방식의 변화 ··· 조지 산체스
19. 대인 관계의 성서적 지침 ·· 조지 산체스
20. 말씀의 손 예화 ··· 네비게이토

21. 열 심 (영문판: ZEAL) ··· 하진승
22. 원만한 결혼 생활 ·· 잭 & 캐롤 메이홀
23. 조지 뮐러 ··· A. 심즈
24. 말씀 중심의 삶 ·· 하진승
25. 주제별 성경 암송 제1권 ··· 네비게이토

26. 주제별 성경 암송 제2권 ··· 네비게이토
27. 주제별 성경 암송 제3권 ··· 네비게이토
28. 서로 돌아보아 ··· 하진승
29. 양 육 ··· 네비게이토
30. 경건이란 무엇인가 ··· 제리 브릿지즈

31. 권위와 복종 ··· 론 쎄니
32. 고난 중 도우시는 하나님 ··· 샌디 에드먼슨
33. 기도의 특권을 누리자 ·· 하진승
34. 은혜로운 말 ··· 캐롤 메이홀
35. 하나님을 의뢰함 ·· 제리 브릿지즈

36. 친밀한 부부 관계의 원리 ·· 짐 & 제리 화이트
37. 배우는 자로 살자 (영문판: Live as a Learner) ······················ 하진승
38. 합력하여 선을 이루시는 하나님 ··· 리처드 크렌즈
39. 고난 중의 소망 ··· 덕 스팍스
40. 청년의 시기를 어떻게 보낼 것인가 (영문판: How to Live Out Our Youth) ··· 하진승

✱ 네비게이토 소책자 시리즈 ✱

41. 약속을 주장하는 삶 ···················· 덕 스팍스
42. 경건의 시간을 갖는 법 ·············· 워렌 & 룻 마이어즈
43. 개인의 중요성 ························· 론 쎄니
44. 헌 신 ······························ 로버트 보드만
45. 내가 배운 교훈들 ················· 오스왈드 샌더스

46. 하나님의 말씀은 ······················· 하진승
47. 현숙한 여인 ·························· 신시아 힐드
48. 어떻게 친구를 사귈 것인가 ············ 제리 & 메리 화이트
49. 외로움을 느낄 때 ···················· 엘리자베스 엘리엇
50. 하나님께서는 당신의 직업을 귀히 여기신다 ········ 셔먼 & 헨드릭스

51. 자녀의 자부심을 키워 주는 법 ·········· 게리 스몰리 & 존 트렌트
52. 직장 생활에서 낙심될 때 ················· 덕 셔먼
53. 스트레스를 다루는 법 ···················· 단 워릭
54. 서로 의견이 엇갈릴 때 ·············· 잭 & 캐롤 메이홀
55. 그리스도인의 삶의 올바른 동기 ··············· 하진승

56. 나를 기뻐하시며 사랑하시는 하나님 ············· 룻 마이어즈
57. 제자삼는 삶의 동기력 ····················· 짐 화이트
58. 기도 - 보이지 않는 적과의 싸움 ················ 제리 브릿지즈
59. 효과적인 간증 ························ 데이브 도슨
60. 감격하며 살아야 할 그리스도인 ················ 하진승

61. 믿음의 경주 ··························· 잭슨 양
62. 사도 바울의 영적 지도력 ················· 오스왈드 샌더스
63. CARE (서로 보살피는 부부) ··················· 하진승
64. 참 특이한 기도 (PPP : Pretty Peculiar Prayers) ·········· 하진승
65. 모세의 순종 ··························· 웡킴톡

66. 상급으로 주신 자녀 ······················ 하진승
67. 하나님께서 쓰시는 사람 ·················· 월터 헨릭슨
68. 기도의 본 ·························· 워렌 & 룻 마이어즈
69. 다윗의 한 가지 소원 ····················· 조이스 터너
70. 생명을 구하는 삶 ····················· 피터슨 & 드렐켈드

71. 순종의 축복 ·························· 마르다 대처
72. 참 좋으신 하나님 아버지 ·················· 리로이 아임스
73. 하늘에 보물을 쌓는 삶 ····················· 잭 메이홀
74. 거룩 : 하나님께 성별된 삶 ·················· 헬렌 애서커
75. 가정의 중요성 (영문판: Importance of Home & Family) ······ 하진승

76. 날마다 제 십자가를 지고 (영문판: Taking Up the Cross Daily) ···· 하진승
77. 제자의 올바른 태도 ······················· 론 쎄니
78. 주님의 부르심을 따라가는 삶 ··················· 하진승
79. 견고하게 평생 지속해야 할 일 ··················· 하진승

견고하게 평생 지속해야 할 일

2023년 12월 15일 초판 1쇄 발행

펴낸곳: 네비게이토 출판사 ©
주소: 03784 서울시 서대문구 연희로 16 (창천동)
전화: 334-3305(대표), 334-3037(주문), FAX: 334-3119
홈페이지: http://navpress.co.kr
출판등록: 1973년 3월 12일 제10-111호
ISBN 978-89-375-0652-9 02230

본 출판사의 서면 허락 없이는 본서의 전부 또는
일부의 무단 복제, 또는 원문에 대한 무단 번역을 금합니다.